Mit
MICRO HABITS
zu großem Glück

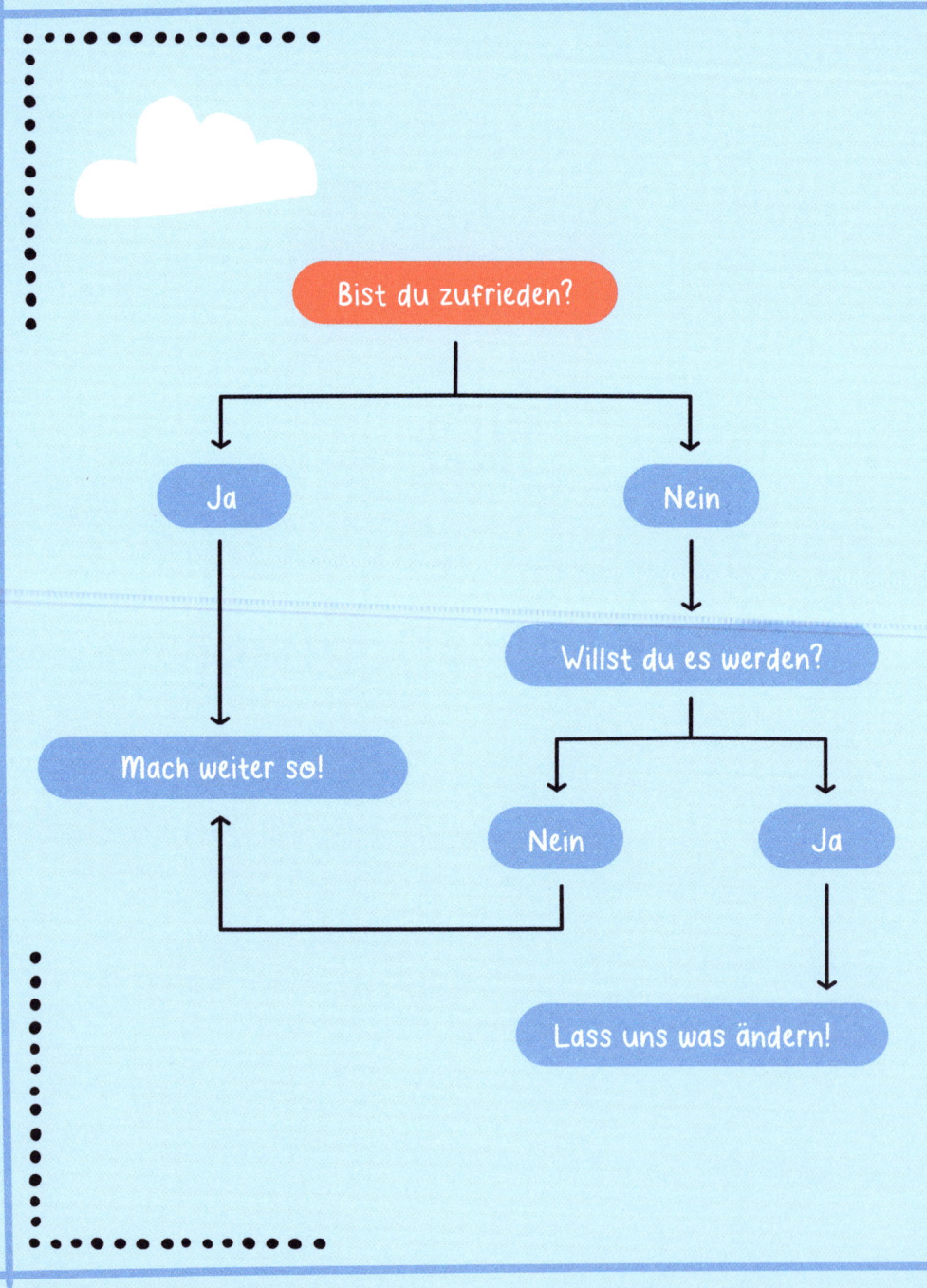

Hallo du,

hast du Lust, dein Leben zu verändern?
Dann bist du hier genau richtig!

In diesem Buch findest du heraus, wie du mit Hilfe von kleinen Gewohnheiten, sogenannten Micro Habits, große Veränderungen erzielen kannst. Wirklich etwas zu verändern oder ein großes Ziel zu erreichen, ist nämlich gar nicht so schwierig, wie du vielleicht denkst. Wenn du dir genauer anschaust, was hinter der Macht der Gewohnheiten steckt, kannst du mit diesem Wissen deinen Alltag so gestalten, wie er dir guttut. Dabei geht es nicht um Selbstoptimierung, sondern darum, deine Handlungen und Routinen so abzustimmen, dass sie dich langfristig glücklich und zufrieden machen.

BIST DU BEREIT? Dann lass uns loslegen – und zwar Schritt für Schritt!

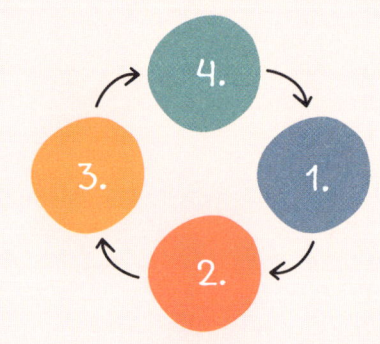

Wie funktionieren Gewohnheiten eigentlich?

Wusstest du, dass bis zu 50 % unseres Handelns von Gewohnheiten bestimmt werden? Gewohnheiten sind Abläufe, die nahezu automatisch und meistens völlig unterbewusst ausgeführt werden. Du stellst zum Beispiel morgens die Kaffeemaschine an, ohne groß drüber nachzudenken oder putzt dir vor dem Schlafengehen die Zähne und das vermutlich, ohne dich vorher aktiv dafür zu entscheiden.

Alles, was wir schon etliche Male gemacht haben und regelmäßig tun, wird zu einer Routine, die ganz selbstverständlich abläuft. Dieser Automatismus ist ziemlich nützlich – er entlastet nämlich unser Gehirn, das ohne Gewohnheiten heillos überfordert wäre. Schließlich muss es jeden Tag unzählige Entscheidungen treffen und neue Reize verarbeiten. Das kostet viel mentale Energie.

EIN GLÜCK ALSO, DASS ES GEWOHNHEITEN GIBT!

AUSLÖSER

Auslöser: Ein bestimmter Anlass (wie ein Kneipenbesuch), eine Uhrzeit (12:00), aber auch ein Gedanke ("Ich bin nicht gut genug") oder eine andere Art innerer Reiz (Hunger) oder äußerer Reiz (Stress) setzen den Gewohnheitskreislauf in Gang.

HANDLUNG

Die Gewohnheit (Bier trinken, Mittagessen, Schokolade essen uvm.) wird ausgeführt.

BELOHNUNG

Das Gehirn schüttet Dopamin aus, als Belohnung, weil eine Lösung für den Reiz gefunden wurde.

ROUTINE

Das Gehirn merkt sich die Strategie und stärkt die Verbindung zwischen Auslöser und Handlung. Kommst du das nächste Mal in die Auslösersituation ist es wahrscheinlich, dass du wieder gleich handelst. Ob es eine »gute« oder »schlechte« Angewohnheit wird, ist dem Gehirn dabei egal – es ist darauf ausgelegt, abzuspeichern, was funktioniert, ohne langfristige Folgen abzuwägen.

SICHERHEIT

NEUE WEGE

ABER WARUM IST ES SO SCHWER, MUSTER ZU DURCHBRECHEN?

Unsere Routinen funktionieren nicht nur als Entlastung für unser Gehirn, sie sind auch darauf angelegt, uns eine gewisse Sicherheit in einer ungewissen Welt zu geben. Sie sorgen für Orientierung und verhindern, dass wir Risiken eingehen, indem wir bekannte Wege verlassen.

Wir haben unsere Routinen über Jahre oder Jahrzehnte wiederholt, was Strukturen in unserem Gehirn hinterlassen hat. Wollen wir etwas ändern, müssen erst neue Nervenverbindungen geknüpft und geformt werden, bevor aus einer Tätigkeit eine Gewohnheit werden kann. Das geschieht leider selten in wenigen Wochen, daher geben viele Menschen schnell auf, wenn sich nach guten Vorsätzen der Erfolg nicht sofort einstellt.

DABEI FÜHRT VOR ALLEM AUSDAUER ZUM ZIEL!

Einer der Hauptgründe, wieso wir beim Versuch, uns gute Gewohnheiten anzueignen, scheitern, ist sicherlich auch, dass wir

VIEL ZU HOHE ERWARTUNGEN

haben. Am liebsten möchten wir übermorgen schon einen Marathon laufen oder fließend Italienisch sprechen. Unsere Ziele dürfen natürlich groß sein. Um erfolgreich zu sein, ist es wichtig zu wissen, wie wir diese Ziele angehen.

Unser Gehirn ist nämlich darauf ausgelegt, den einfachsten Weg zu wählen und die gewohnten Pfade nicht zu verlassen.

Hier kommen Micro Habits ins Spiel! Die setzen so klein an, dass das Gehirn nichts dagegen hat.

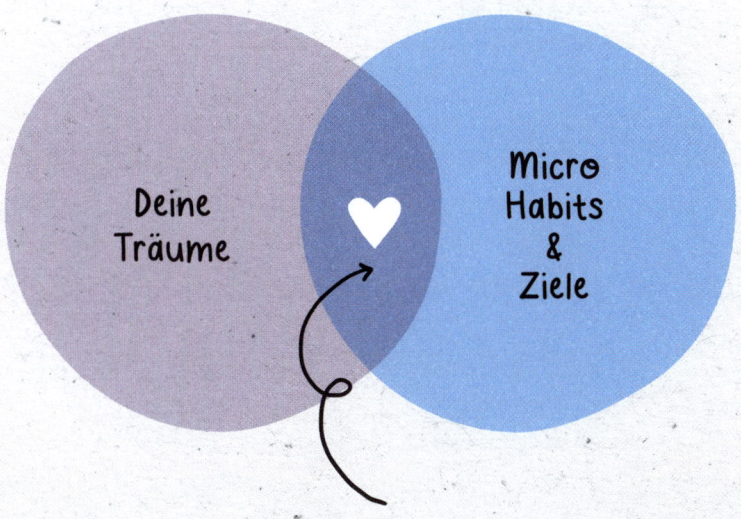

Deine Träume

Micro Habits & Ziele

DAS GROSSE GLÜCK

MICRO HABITS
bringen dich ans Ziel

DER NAME VERRÄT ES SCHON: Micro Habits sind winzig kleine Gewohnheiten. Sie sind so klein, dass du sie möglichst ohne große Willenskraft oder mentale Energie ausführen kannst.

IM IDEALFALL kannst du deine Gewohnheiten für dich arbeiten lassen und jeden Tag ein kleines bisschen Weiterkommen – ohne großen Aufwand. Du kannst Micro Habits in jedem Bereich deines Lebens nutzen, um dein Glück und Wohlbefinden zu steigern – egal, ob im Job, im Familienleben, bei deiner Gesundheit oder in der Liebe.

 sind winzige Gewohnheiten in deiner täglichen Routine

 können dir helfen, schlechte Gewohnheiten durch gute zu ersetzen

 werden mit etwas Geduld zu einem ganz normalen Teil deines Alltags

 machen dein Leben Tag für Tag ein bisschen schöner

MOTIVATION IST EIN

MOTIVATION WAR GESTERN.

Setze ab sofort lieber auf gute Gewohnheiten.

»NUR MIT MOTIVATION kann man ans Ziel kommen.« Das glauben zumindest viele Menschen immer noch. Dabei ist das eindeutig falsch. Motivation ist ein flüchtiges Gefühl. Mal ist sie da, aber genauso schnell ist sie wieder verflogen. Auf keinen Fall kannst du dich auf sie verlassen.

VIEL WICHTIGER sind deine Habits. Sie helfen dir dauerhaft und zuverlässig dabei, im Alltag gute Entscheidungen zu treffen, und zwar unabhängig davon, ob du dich gerade motiviert fühlst oder nicht.

MICRO HABITS,

DIE DAS LEBEN SCHÖNER MACHEN

Erledige das Unangenehmste zuerst

Lies 5 Seiten eines Buchs

Bewege dich 5 Minuten an der frischen Luft

Lege dir deine Kleidung am Vorabend bereit

Plane eine konkrete digitale Pause ein

Überzeuge dich selbst

BEVOR du eine neue Gewohnheit in Angriff nimmst, solltest du dir natürlich überlegen, was deine Beweggründe sind. Nur, wenn du selbst wirklich davon überzeugt bist, dass deine neue Gewohnheit für dich Sinn macht und dich weiterbringen wird, wird es dir auch gelingen, dranzubleiben. Eine Gewohnheit aufzubauen, weil es andere von dir erwarten oder irgendjemand behauptet, dass diese oder jene Gewohnheit gut für dich sei, reicht nicht aus. Informiere dich also und durchdenke dein Vorhaben genau.

MACHE DICH SELBST ZUR PRIORI-TEE-T

OB EINE GEWOHNHEIT GUT ODER SCHLECHT IST, KOMMT AUCH AUF DEN ZUSAMMENHANG AN.

Natürlich gibt es Gewohnheiten, die immer schlecht sind – wie das Rauchen. Viele Angewohnheiten sind jedoch nicht schwarz oder weiß. Für manche Menschen ist es zum Beispiel schlecht, abends das Handy nicht auszuschalten und sich berieseln zu lassen statt zu entspannen und die Augen zu schonen. Eine andere Person nutzt das Handy aber vielleicht am Abend dafür, sich mit Familie und Freunden zu verbinden, die weit weg wohnen. Es gibt also nicht immer ein eindeutiges Richtig oder Falsch. Meistens kann dir aber dein Bauchgefühl verraten, ob eine Gewohnheit für dich persönlich gut oder schlecht ist.

HAB KEINE ANGST, DINGE LOSZULASSEN.

WENN DU MIT ETWAS AUFHÖREN MÖCHTEST, fange klein an. Verzichte einen Tag darauf und schaue, wie du dich am Abend fühlst. Erhöhe auf eine Woche oder einen Zeitraum, der dir sinnvoll erscheint. Ziehe danach ein Fazit und entscheide, wie du vorgehen willst.

SCHAFFE KLARHEIT

BEVOR DU LOSLEGST, ist es sinnvoll dir klarzumachen, wohin dich deine Reise führen soll. Vielleicht herrscht in deinem Kopf ein Wirrwarr aus guten Ideen, Wünschen und Zielen. Diese solltest du erst mal entwirren und herausfinden, was dir wirklich wichtig und auch was realistisch ist. Dabei kann es helfen einmal deinen Tagesablauf durchzugehen. Hetzt du morgens zur Arbeit? Sitzt du tagsüber stundenlang am Stück oder kommst du abends vor lauter To-dos nicht zur Ruhe? Schau genau hin und überlege, was du angehen möchtest.

IM NÄCHSTEN SCHRITT IST ES WICHTIG, PRIORITÄTEN ZU SETZEN. DU KANNST NICHT DEIN GANZES LEBEN VON HEUTE AUF MORGEN UMKREMPELN. MACHE DIR ALSO ERST MAL BEWUSST, WAS GERADE PRIORITÄT HABEN SOLLTE – IST ES DEINE GESUNDHEIT, DEINE FAMILIE, DEIN JOB ODER DEINE PARTNERSCHAFT? WO SIEHST DU GERADE DEN MEISTEN HANDLUNGSBEDARF? WO SOLL SICH DRINGEND ETWAS ÄNDERN? WELCHER MENSCH MÖCHTEST DU IN EINEM MONAT, IN EINEM HALBEN JAHR ODER IN FÜNF JAHREN SEIN?

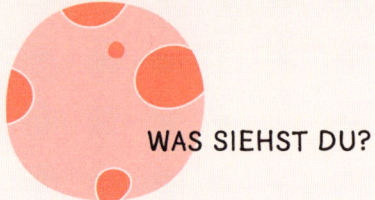

WAS SIEHST DU?

WAS HÖRST DU?

VISUALISIERE DEIN TRAUMLEBEN

Wenn du noch gar nicht richtig weißt, wo du anfangen sollst, kann dir ein Vision Board helfen. Deine Habits sind schließlich nur ein Hilfsmittel, um dich zu dem Leben zu führen, das du dir erträumst.

FÜHRE DIR VOR AUGEN, wie dein ideales Leben aussehen soll. Nimm dir einen großen Bastelkarton zur Hand und schneide oder drucke inspirierende Fotos, Schlagworte oder Sprüche aus, die zu deinen Träumen und Zielen passen. Ergänze eigene Formulierungen. Klebe alles auf und hänge dein Vision Board an einen Ort, an dem du es gut im Blick hast.

WIE SIND TEMPERATUR UND LUFT?

WAS FÜHLST DU AUF
DEINER HAUT, MIT
DEINEN HÄNDEN,
UNTER DEINEN FÜSSEN?

WIRF REGELMÄSSIG EINEN BLICK auf dein Vision Board. Schau dir die Bilder und Texte genau an und wähle aus, was dich in dem Moment besonders anspricht. Zum Beispiel eine tolle Reise. Stell dir bildlich vor, wie du am Strand, auf einem Berg, in einem schicken Café in New York – was auch immer dein Traum ist – bist. Welche Geräusche hörst du? Wie warm ist es? Wie fühlt sich der Untergrund an? Was riechst du? Was schmeckst du?

INDEM DU ALLE DEINE SINNE AKTIVIERST, glaubt dein Gehirn tatsächlich da zu sein. Das schüttet Glückshormone aus, schürt die Vorfreude und rückt dein Ziel in deinen Fokus. Das hilft dir dabei, im Alltag Entscheidungen zu treffen, die dich deinem Ziel näherbringen.

WAS SCHMECKST
DU?

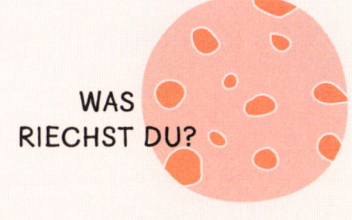

WAS
RIECHST DU?

EIN ZIEL IST
EIN TRAUM MIT
PLAN.

ZIELE SETZEN

Und jetzt schreibe drei Ziele auf, die du angehen willst!

Behalte diese drei Ziele immer im Kopf, wenn es um deine Gewohnheiten geht.

Ein paar Beispiele. In einem Jahr möchte ich ...

einen Halbmarathon laufen, mein Buchmanuskript in den Händen halten, selbstständig arbeiten, im Urlaub ein Gespräch auf Spanisch führen können...

Und jetzt du!

In einem Jahr möchte ich ...

MACH ES DIR LEICHT

Nicht das, was wir ab und zu

DEIN WIDERSTAND BEI »5 MINUTEN UM DEN BLOCK«

FÄLLT MIR LEICHT

Achte bei der Etablierung deiner Habits unbedingt darauf, dass du sie so gestaltest, dass du dich nicht überwinden oder zwingen musst.

MACHT MIR NICHTS AUS

Halte deine Ziele erst mal klein, damit sie nicht mit der Zeit anstrengend werden und nerven. Im zweiten Schritt, wenn die Gewohnheit etabliert ist, kannst du Dauer oder Anzahl hochfahren.

...sondern

tun, formt unser Leben, …

DEINE UNLUST
BEI »1 STUNDE
LAUFEN«

das, was wir regelmäßig tun.

Nehmen wir einmal an, es ist dein Ziel, einen Halbmarathon zu laufen. Statt dir vorzunehmen, dreimal die Woche eine Stunde zu laufen, setze kleine Ziele, die du nach und nach steigerst. Bevor du aber mit dem konkreten Lauftraining beginnst, ist es wichtig, diese neue Gewohnheit in deinen Alltag zu einzubauen.

Die ersten Wochen könnte das so aussehen:

»Jeden Montag und Donnerstag, nachdem ich von der Arbeit komme, stelle ich meinen Rucksack ab, und ziehe meine Laufkleidung und Schuhe an.«

Wenn du das eine Weile geübt hast, kannst du mit Schritt zwei starten – das Haus verlassen und für fünf Minuten eine Runde um den Block laufen. Wenn das zu einer Gewohnheit geworden ist, kannst du den nächsten Schritt tun – und deine Runde um weitere fünf Minuten vergrößern. Das führt außerdem dazu, dass du feststellst, dass du es schaffen kannst.

So trickst du den inneren Schweinehund aus, denn hast du dich erst einmal an das regelmäßige Sportsachen-Anziehen gewöhnt, ist die Überwindung zu fünf Minuten laufen nicht mehr groß.

STELL DIR DEINE REISE ALS WANDERUNG VOR

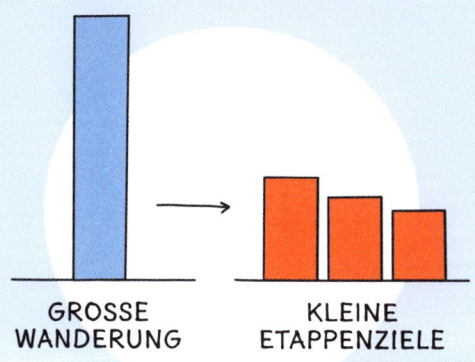

GROSSE
WANDERUNG

KLEINE
ETAPPENZIELE

MEIN GROSSES ZIEL:

DREI MICRO HABITS,
UM ES ZU ERREICHEN:

Plane deine Gewohnheiten

Statt zu sagen
»Morgen werde ich meditieren«, formuliere
es noch genauer, zum Beispiel:

»Morgen früh werde ich für eine Minute in der Küche meditieren, während der Kaffee kocht« oder »Nachdem ich am Nachmittag den Laptop zugeklappt habe, öffne ich das Fenster und atme drei Mal tief ein«.

Diese Formulierungen geben dir einen genauen Hinweis, wann und wo deine neue Gewohnheit ausgeführt wird. Das erspart dir Grübeleien und Abwägungen, die dich nur mentale Energie kosten.

zeitlich möglichst genau ein.

EINEN GENAUEN PLAN ZU HABEN, hilft dir dabei, deine Micro Habits auch wirklich umzusetzen. Noch besser ist es, sie dir am Anfang sogar in den Kalender einzutragen und eine Erinnerung zu setzen. Schaffe dir ganz bewusst Zeitinseln für deine Gewohnheiten und nimm diese Zeiten auch ernst. Wähle dabei aber unbedingt Zeiten, die für dich funktionieren – am Morgen zu meditieren, wenn deine Morgenroutine mit Kind und Co. eher chaotisch ist, ist beispielsweise nicht sehr erfolgsversprechend.

UND JETZT DU! VERSUCHE MAL GANZ GENAU ZU DEFINIEREN, WANN DU DEINE NEUEN MICRO HABITS AUSFÜHREN MÖCHTEST.

MEIN HABIT

WO?

WANN?

LADE DEINE AKKUS AUF

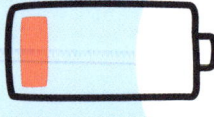

Ausgelaugt

Energiegeladen

DIE AKKUS DEINES HANDYS lädst du jeden Tag auf, doch wie sieht es mit deinen Akkus aus? Nur, wenn du dich gut fühlst, hast du schließlich auch die körperliche und mentale Energie, neue Gewohnheiten zu schaffen – selbst wenn es sich um Micro Habits handelt.

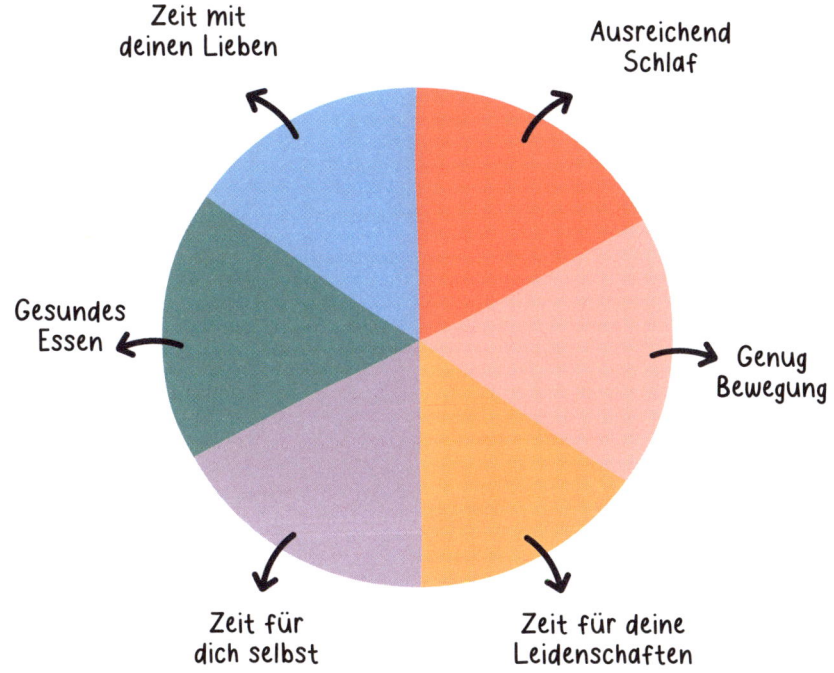

Zeit mit deinen Lieben

Ausreichend Schlaf

Gesundes Essen

Genug Bewegung

Zeit für dich selbst

Zeit für deine Leidenschaften

EINE GESUNDE BASIS

Vielleicht fällt auch das ein oder andere deiner Ziele in eine dieser Kategorien. Wer von uns möchte schließlich nicht gesünder leben oder mehr Zeit mit seinen Lieben verbringen? Du kannst diese Basis deshalb auch als Inspiration für deine Micro Habits nehmen.

FINDE DEINEN EIGENEN WEG

— ERWARTUNG   — DU

Gute Gewohnheiten lassen sich auf die unterschiedlichsten Weisen etablieren. Manche Menschen führen Tagebuch oder belohnen sich gerne. Andere informieren sich ausführlich über die Vorteile von guten Gewohnheiten wie Sport und motivieren sich, indem sie sich konkret die Vorteile vor Augen führen, beispielsweise, dass Sport Stresshormone abbauen und das Immunsystem stärken kann. Lass dich von den Ideen und Wegen der anderen inspirieren, achte gleichzeitig darauf, bei dir zu bleiben.

Was für den einen funktioniert, kann bei der anderen das Gegenteil bewirken. Zum Beispiel fällt vielen Menschen Sport am morgen schwer, am Nachmittag aber leicht. Schau, dass du Gewohnheiten und Methoden findest, die zu dir passen.

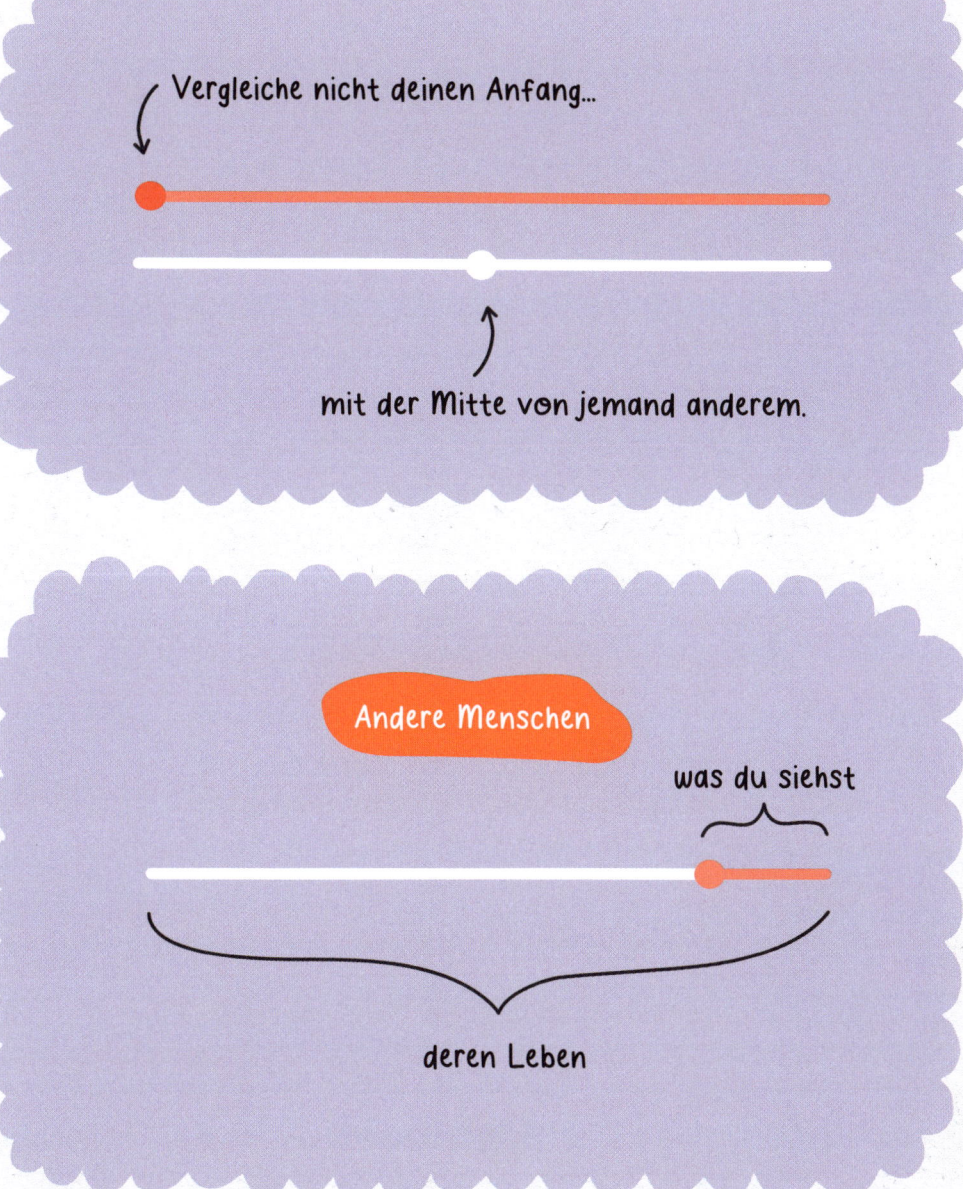

Was funktioniert für dich?

VERSUCHE AUF KEINEN FALL gegen dich selbst zu arbeiten. Wenn du dich im Fitnessstudio nicht wohlfühlst, setze auf Spaziergänge oder Workouts zu Hause. Wenn du lieber länger schläfst, wird es für dich dauerhaft zu schwierig werden, wenn du morgens um 5 Uhr zum Meditieren aufstehst.

RICHTE DEINE NEUEN GEWOHNHEITEN unbedingt nach deinen Vorlieben und deiner Persönlichkeit aus! Deine Micro Habits sollen für dich und nicht gegen dich arbeiten. Deshalb solltest du dir auch regelmäßig überlegen, ob sie dir auch wirklich guttun oder ob du sie noch einmal überdenken solltest. Was für andere funktioniert, muss nicht unbedingt auch für dich funktionieren – und umgekehrt.

DIES ODER DAS?

Gemütlich daheim	Unterwegs
Komplett verzichten	In Maßen genießen
Frühaufsteher*in	Nachteule
Teamwork	Einzelkämpfer*in
Herausforderungen	Eigenes Tempo
Gewohntes wiederholen	Neues probieren

MACH ES DIR SCHWER

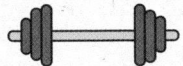

JEDER MENSCH hat schlechte Angewohnheit. Um diese loslassen zu können,
solltest du es dir nicht nur möglichst
leicht, sondern auch möglichst schwer
machen.

JE UNBEQUEMER du es dir selbst machst,
umso unwahrscheinlicher ist es, einer
schlechten Angewohnheit zu folgen. Wenn
du morgens gerne die Snooze-Taste drückst,
dann platziere deinen Wecker oder dein Handy
doch mal am anderen Ende des Raumes. Wenn
du abends gerne viele Süßigkeiten naschst, solltest du lieber nur eine kleine Auswahl oder keine
zu Hause haben.

SCHLECHTEN GEWOHNHEITEN AUF DEN GRUND GEHEN

WARUM NUTZT DU DIE SNOOZE-TASTE?
Aus welchen Gründen, fällt es dir schwer morgens aus dem Bett zu kommen? Gibt es Stress auf der Arbeit und du hast keine Lust den Tag zu beginnen? Schlechte Gewohnheiten haben meistens einen Grund und sind nicht per se schlecht. Sie können Strategien sein, mit denen der Körper oder die Seele versucht Negatives abzuwenden.

SCHOKOLADE wirkt beispielsweise durch verschiedene Inhaltsstoffe beruhigend, daher greifen wir oft bei Stress dazu. Auch kann es sein, dass es eine Angewohnheit ist, die aus der Kindheit kommt. Vielleicht hast du zur Belohnung für gute Noten oder Bravsein etwas Süßes bekommen, oder als Trost bei Kummer und anstrengenden Tagen? Verurteile dich nicht für deine vermeintlich schlechten Angewohnheiten. Es kann aufschlussreich sein, sich auf die Suche nach den Ursachen und Gründen zu machen. So kannst du diese Gewohnheiten gezielter umprogrammieren.

• • • • • • • • • • • • • •

Gute Gewohnheiten haben

GUTE GEWOHNHEITEN FÜHREN OFT ZU WEITEREN GUTEN GEWOHNHEITEN. Wenn du dich beispielsweise mehr bewegst, triffst du vermutlich auch bessere Entscheidungen beim Essen, fühlst dich energievoller und arbeitest somit produktiver, was wiederum dazu führt, dass du deine beruflichen Ziele leichter erreichen kannst.

Gute Gewohnheiten in einem einzelnen Bereich können also schon viel bewirken und sich auf andere Lebensbereiche ausdehnen! Du musst und solltest nicht direkt alles verändern wollen.

einen Dominoeffekt

ONE

STEP

AT

A

TIME

VORBEREITUNG IST ALLES

Du musst deine Gewohnheiten so gestalten, dass sie möglichst leicht umzusetzen sind. Die richtige Vorbereitung spielt deshalb eine große Rolle. Stell dir folgendes Szenario vor – du nimmst dir vor, morgen früh um 6 Uhr zum Fitnessstudio aufzubrechen. Wie groß wird wohl deine Überwindung sein, wenn der Wecker klingelt und du gar nicht weißt, wo deine Sporttasche eigentlich gerade verstaubt? Und wie groß wäre die Überwindung, wenn du gestern Abend schon deine Tasche fertig gepackt und an die Haustür gestellt hättest?

SCHAFFE ALSO EINE MÖGLICHST GUTE UMGEBUNG, IN DER DEINE HABITS WACHSEN KÖNNEN.

Wenn du dich gesünder ernähren willst, dann fülle deinen Kühlschrank mit Obst und Gemüse. Wenn du mehr Wasser trinken möchtest, dann stelle dir gleich morgens eine große Flasche auf den Schreibtisch. Wenn du eine Sprache lernen möchtest, platziere deine Vokabelkarten an einem gut sichtbaren Ort. Diese Dinge können dir auch als Hinweis dienen und dich automatisch an dein Vorhaben erinnern.

MEIN HABIT:

DAS KANN ICH VORBEREITEN, UM ES MIR LEICHTER ZU MACHEN:

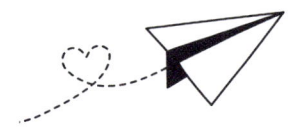

DEN ERSTEN SCHRITT WAGEN

Um mit einem Habit anzufangen, braucht es keinen bestimmten Anlass. Sobald du dich mit deinen Zielen und Wünschen auseinandergesetzt hast, kommt die Lust von ganz alleine. Es geht ja schließlich um dich und deine Träume. Wenn du noch Zweifel hast, recherchiere weiter, höre dir Podcasts zum Thema Micro Habits an und forme dein erstes Habit, das du üben willst, so, dass es sehr einfach umzusetzen ist.

Ein weiterer Tipp ist es deine Habit-Pläne erst einmal für dich zu behalten. Erzählst du von deinen guten Vorsätzen, werden direkt beim Erzählen schon Glücksgefühle ausgeschüttet, statt als Belohnung beim Tun. Das Gehirn denkt dann: »Jetzt muss ich es ja machen, weil ich es gesagt habe« und stellt sich quer. Bleibt das Vorhaben Privatsache kann das Gehirn bei »ich mache es für mich« bleiben und das Habit-Training wird ein Erfolgserlebnis. Das Gehirn ist sehr kreativ, uns am Gewohnheiten ändern zu hindern.

JEDE REISE BEGINNT

MIT EINEM ERSTEN

SCHRITT.

NEUES KAPITEL, NEUE HABITS

Es stimmt – es gibt Zeitpunkte, die besonders gut geeignet sind, um neue Gewohnheiten zu etablieren. Meistens sind diese mit einem Neuanfang und oft auch Umgebungswechsel verbunden, zum Beispiel mit einem Umzug oder em Beginn eines neuen Jobs.

Aber auch der Anfang einer neuen Jahreszeit, ein Geburtstag, Neujahr oder ein persönlicher Meilenstein, wie eine Beförderung oder eine neue Beziehung, können gute Anlässe sein, um deine Gewohnheiten zu verändern. Den dabei entstehenden Aufwind kannst du perfekt für deine neuen Micro Habits nutzen. Besonders dann, wenn dieser Neubeginn sowieso neue Gewohnheiten mit sich bringt – zum Beispiel wärmeres Wetter, eine neue Routine im Job oder ein neues Zuhause.

Nutze diese besonderen Zeitpunkte, um genau so zu beginnen, wie du gerne weitermachen möchtest.

DEINE GEDANKEN FORMEN
DEINE HANDLUNGEN

Sage und schreibe 60.000 Gedanken denken wir jeden Tag. 90 % dieser Gedanken hatten wir auch schon am Tag davor. Und am Tag davor. Gleichzeitig sind unsere Gedanken eng mit unseren Gefühlen und somit auch unserem Verhalten verknüpft. Alles beeinflusst sich gegenseitig. Umso wichtiger ist es, möglichst positiv zu denken, damit auch deine Gewohnheiten folgen können.

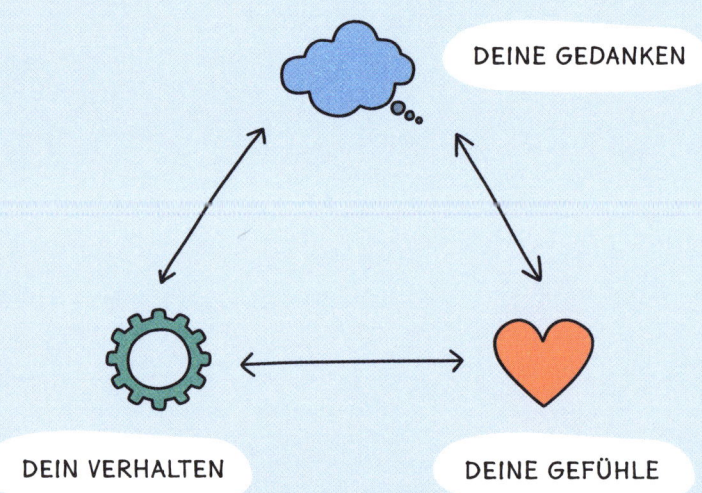

DEINE GEDANKEN

DEIN VERHALTEN

DEINE GEFÜHLE

DABEI KÖNNEN DIR AFFIRMATIONEN HELFEN.

Das sind bekräftigende Ich-Aussagen, wie »Ich achte gut auf mich«. Wiederholt man diese Sätze regelmäßig laut oder mit der inneren Stimme, programmiert man damit die eigene Denkweise um. Denn was wir immer wieder denken, das glauben wir auch! Schreibe deine Affirmation auf einen Zettel und hänge ihn an einem gut sichtbaren Ort auf.

ICH ACHTE AUF MEINE
BEDÜRFNISSE UND
SORGE FÜR MICH.

ICH VERDIENE
ES, GLÜCKLICH
UND ZUFRIEDEN
ZU SEIN.

ICH UMGEBE
MICH MIT
MENSCHEN, DIE
MIR GUTTUN.

ICH
BIN
MUTIG.

ICH GLAUBE AN MEIN
GRENZENLOSES POTENZIAL!

ICH NEHME DIE
HERAUSFORDERUNG
DES HEUTIGEN
TAGES AN.

GLAUBE AN DIE KRAFT VON
»NOCH NICHT«

• • • • • • • • • • •

KENNST DU deine limitierenden Glaubenssätze? Sie können so klingen »Ich kann das nicht«, »Ich bin nicht genug«, »Ich bin unsportlich«, »Ich bin nicht klug genug« usw. Diese Denkweisen erlernen wir oft schon in der Kindheit, egal wie liebevoll das Elternhaus, Freund*innen usw. waren – irgendwo eckt man an. Das Gehirn merkt sich negative Erlebnisse und entwickelt Strategien, diese Erfahrungen zukünftig zu vermeiden. Zum Beispiel fühlt man sich im Schulsport unwohl, weil einem Handball, Mitschüler*innen oder die Tageszeit, zu der Sport stattfindet, nicht zusagt. Die Folge: Man fängt an zu glauben »Sport ist nichts für mich«.

ERST IM ERWACHSENENALTER entdeckt man, vielleicht weil Freund*innen nicht lockerlassen, dass Yoga, Wandern, Radfahren, vielleicht aber auch Kampfsport oder Tanzen super viel Spaß machen. Das Beispiel zeigt: Es ist unendlich wichtig, über die eigenen negativen Glaubenssätze nachzudenken und ihnen regelmäßig einen Realitätscheck zu verpassen.

ICH KANN DAS **NOCH NICHT**.

ICH BIN **NOCH NICHT** GUT DARIN.

ICH VERSTEHE DAS **NOCH NICHT**.

DAS MACHT **NOCH** KEINEN SINN.

FAKE IT TILL YOU MAKE IT!

VERSUCHE, dich schon wie dein zukünftiges Ich zu fühlen und zu verhalten. Du möchtest gerne ein Buch schreiben? Dann sieh dich selbst ab sofort als Schriftsteller*in. Stell dir dafür vor, wie du dich als Schriftsteller*in wohl verhalten würdest? Jede Rolle im Leben hält schließlich auch bestimmte Verhaltensmuster bereit. Diese kannst du kopieren – auf deine Art und Weise! Wenn du dich selbst als Mensch siehst, der Bücher schreibt, wird es dir vermutlich auch leichter fallen, jeden Tag dein Schreibprogramm zu öffnen und dir eine Schreibroutine aufzubauen.

DAS FUNKTIONIERT AUCH SUPER, wenn man sportliche Ziele im Blick hat, wie an einem Halbmara-thon teilzunehmen oder die Grundfitness zu verbessern. Sieh dich von Tag eins als Sportler*in. Fühle dich direkt gut, weil du etwas für deine Gesundheit tust. Dieser positive Schub lässt dich weitere gute Entscheidungen treffen, die deine Fitness fördern werden.

Selbstverwirklichung

Individualbedürfnisse
wie Selbstachtung und
Wertschätzung von anderen

Soziale Bedürfnisse

Sicherheitsbedürfnis

Physiologische
Bedürfnisse

BEDÜRFNIS-
PYRAMIDE
NACH
MASLOW

Werde Expert*in

JE BESSER du dich mit den psychologischen Aspekten rund um Gewohnheiten, Glaubenssätzen und Co. auskennst, umso besser kannst du dich und deine Handlungen verstehen und ändern. Auch das Gebiet positive Psychologie ist in dieser Hinsicht spannend. Zu diesen Themen findest du viele spannende Bücher und Podcasts.

FALLS DU, wie fast alle von uns, oft dein Smartphone in der Hand hast und es dir schwer fällt deinen Konsum zu steuern, lohnt es sich doppelt, sich mit dem Thema Gewohnheiten zu beschäftigen. Apps wie Instagram, TikTok, aber auch YouTube arbeiten mit ausgeklügelten Methoden, um uns zum Smartphone greifen zu lassen. Versuche herauszufinden, welche Bedürfnisse du mit Smartphone und Co. abdecken möchtest und frage dich vor jedem In-die-Hand-Nehmen »Was möchte ich gerade?«. Im zweiten Schritt kannst du schauen, ob du deine Bedürfnisse, z. B. nach Gesellschaft, Ablenkung, Spaß etc. auch anders erfüllen könntest.

Wenn du das nächste Mal
eine Entscheidung für oder gegen eine Handlung
treffen musst, dann versuche sie doch mal für dein
zukünftiges Ich zu treffen und stelle dir vor,
wie dankbar du dir selbst in der
Zukunft sein wirst.

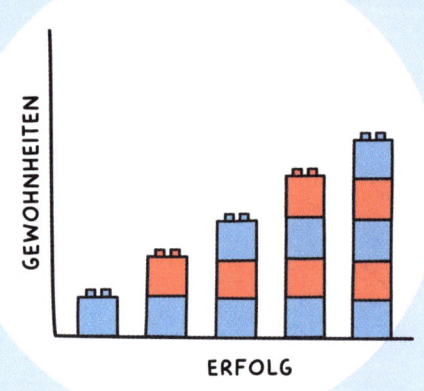

STAPLE DEINE GEWOHNHEITEN

EIN GUTES HILFSMITTEL, eine neue Gewohnheit zu etablieren ist es, sie mit bereits vorhandenen Routinen zu verknüpfen.

Du kannst dir dieses Konzept auch wie Bausteine vorstellen – Stein für Stein bauen deine Gewohnheiten aufeinander auf und dein Turm guter Gewohnheiten wächst und wächst.

Wenn du gerne ein Dankbarkeitstagebuch führen möchtest, kannst du das beispielsweise in deine Morgenroutine integrieren. Nachdem du dich angezogen hast und bevor du deinen Kaffee kochst, kannst du für fünf Minuten in dein Notizbuch schreiben.

MICRO HABITS in eine bestehende Routine einzufügen und diese nur minimal abzuändern, macht es dir leichter, weil du nicht bei null beginnen musst. Besonders gut funktioniert das auch mit Gewohnheiten, die sich ähneln. Zum Beispiel, indem du vor oder nach dem Zähneputzen auch Zahnseide benutzt.

GUTE

HABITS

BAUEN

AUFEINANDER

AUF

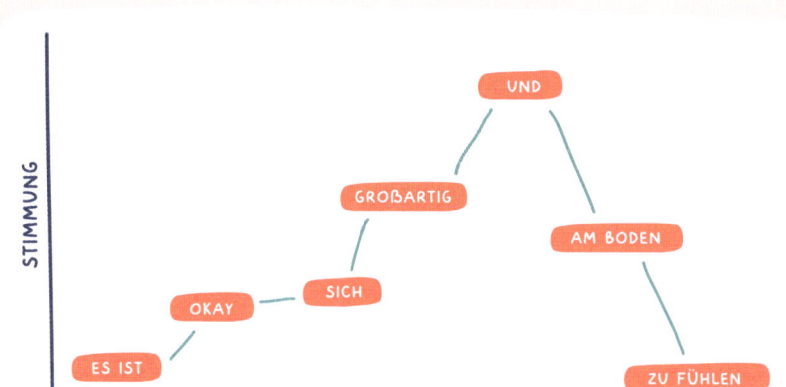

DEINE HABITS

dürfen Spaß machen

Eine weitere Methode ist es, dein neues Habit mit etwas zu verknüpfen, was dir Spaß macht. Bestimmt kannst du dich selbst viel einfacher überzeugen, wenn gleichzeitig etwas Schönes auf dich wartet. Besonders effektiv ist es, wenn du es dir nur erlaubst, die schöne Tätigkeit auszuführen, wenn du sie gleichzeitig mit deinem nützlichen Habit verbindest. Somit fällt dir die Gewohnheit doch gleich viel leichter! Solange du dich gut dabei fühlst, ist jede Art von Trick erlaubt.

Wichtig: Selbst wenn Routinen fest etabliert sind, kann es Phasen geben, in denen man keine Lust auf die Gewohnheit, wie z. B. Sport, hat. Dann kann es helfen sich zu sagen »Ich muss keine Lust auf Training haben, um zu trainieren. Ich gehe einfach trotzdem.« Auf die Arbeit hat man schließlich auch nicht immer Lust und erledigt sie trotzdem gewissenhaft. Höchste Zeit ein wenig von dieser Disziplin immer wieder auch für das eigene Wohlbefinden einzusetzen

Schönes mit Nützlichem verbinden

Lieblingspodcast hören	→ beim Spazierengehen
Musik hören	→ beim (gesund) Kochen
Zeit mit Freunden	→ gemeinsam Sport machen

DiE 1-MiNUTE-REGEL

Auch die bewährte 1-Minute-Regel kann ein wunderbares Werkzeug für das Bilden deiner Habits sein. Bei diesem Konzept wird alles sofort erledigt, was nicht länger als eine Minute Zeit in Anspruch nimmt – die Müslischüssel in den Geschirrspüler räumen, einen Brief abheften oder eine E-Mail beantworten. Das schafft wie von Zauberhand mehr Ordnung im Alltagschaos.

Das kann auch mit deinen Gewohnheiten funktionieren. Viele Micro Habits kannst du in einer einzigen Minute erledigen oder umsetzen. Manchmal reicht eine Minute aber auch aus, um in den Flow zu kommen und weiterzumachen.

Probiere es doch mal aus!

WELCHE 1-MINUTE-MICRO-HABITS FALLEN DIR EIN?

ES HEIßT GEMEINSCHAFT,
WEIL MAN GEMEINSAM
ALLES SCHAFFT.

TAUSCHE

dich mit anderen aus

Vertrauenspersonen, die sich in dem Lebensbereich, in dem du deine Micro Habits etablieren willst, gut auskennen, wie eine Freundin, der Partner oder die Partnerin oder auch die Lieblingskollegin können dich auf deinem Weg begleiten, dir Tipps geben und ihr könnt zusammen über Fitness, gesunde Ernährung, positive Psychologie usw. fachsimpeln. Vielleicht findest du auch Menschen, die ebenfalls etwas ändern möchten und ihr könnt gemeinsam an euren Zielen arbeiten.

DU HAST ABER GERADE KEINE FREUNDE MIT ÄHNLICHEN ZIELEN ODER INTERESSEN? KEIN PROBLEM! ZU VIELEN THEMEN (WIE FITNESS, ORDNUNG, USW.) FINDEST DU AUCH IN DEN SOZIALEN MEDIEN WIE INSTAGRAM, FACEBOOK ODER IN WHATSAPP-GRUPPEN EINEN TOLLEN AUSTAUSCH UND HILFREICHE TIPPS – VOR ALLEM, WENN DU MAL INS STRAUCHELN KOMMST.

ERFOLGE

sichtbar machen

Erledigte To-dos abhaken, Bonuspunkte beim Einkaufen sammeln, Schritte tracken – wir Menschen haben Freude daran, unsere Fortschritte im Blick zu haben. Denn das motiviert und gibt ein gutes Gefuhl. Das gilt auch für Micro Habits.

Wenn du gerne mehr Geld sparen möchtest, kannst du jeden Morgen einen Blick in dein Online-Banking werfen und die Zahlen prüfen. Du kannst deinen Fitness-Fortschritt in einer Tabelle festhalten. Oder mit einer einfachen Checkliste, den Überblick über deine täglichen Ziele behalten.

· · · · · · · · · · · · ·

DU KANNST DEINE HABITS aber auch mit Hilfe eines Habit Trackers überprüfen – das geht sowohl mit Apps als auch ganz klassisch mit Stift und Papier. Auf der folgenden Doppelseite findest du ein Beispiel für einen Habit Tracker. Du kannst ihn als Vorlage benutzen, um deine eigenen Micro Habits zu kontrollieren. An jedem Tag, an dem du deine Gewohnheit umgesetzt hast, darfst du ein Häkchen setzen.

VIELEN MENSCHEN hilft das beim Dranbleiben. Man sieht nicht nur täglich, was man schon geschafft hat, sondern jedes Häkchensetzen sorgt auch für ein kleines Glücksgefühl und ein bisschen Stolz.

MEIN MICRO HABITS TRACKER

MICRO HABIT

TAGE

1 2 3 4 5 6 7 8 9 10 11

12 13 14 15 16 17 18 19 20 21 22 23 24 25 26 27 28 29 30 31

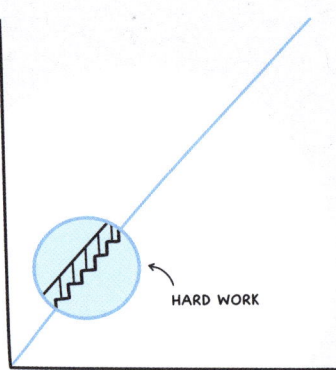

HARD WORK

WERDE JEDEN TAG EIN KLEINES BISSCHEN BESSER

Wenn du ein Micro Habit erfolgreich in deinen Alltag integriert hast, ist es an der Zeit, es Stück für Stück noch besser zu machen.

Wenn du beispielsweise bisher täglich fünf neue Vokabeln gelernt hast, dann lerne doch ab sofort sechs. Wenn du bisher zehn Minuten gejoggt bist, versuche deine Zeit minimal auszu bauen. Wenn du wöchentlich 20 € aufs Sparkonto gelegt hast, dann lege doch ab sofort 22 € zurück. Diese kleinen Verbesserungen klingen zunächst nicht viel, doch im Laufe der Zeit wirst du erstaunt sein, wie viel sie auf Dauer bewirken können.

Bleibe dabei aber wirklich nur bei kleinen Schritten und überstürze nichts, auch wenn es verlockend sein mag!

GOOD THINGS TAKE TIME

GOOD THINGS TAKE TIME

GOOD THINGS TAKE TIME

GOOD THINGS TAKE TIME

Mit Selbstliebe ans Ziel

AUF DEINER REISE zu besseren Habits wird nicht immer alles glatt laufen. Wie alles im Leben ist auch dieser Prozess nicht perfekt. Eine gesunde und liebevolle mentale Einstellung dir selbst gegenüber ist daher unglaublich wichtig, um deine Ziele zu erreichen, dich nicht selbst zu sabotieren und die Person zu werden, die du gerne sein möchtest. Überleg also:

Was kann ich mir diese Woche selbst Gutes tun?

_____

_____

_____

_____

EINE PORTION SELBSTLIEBE

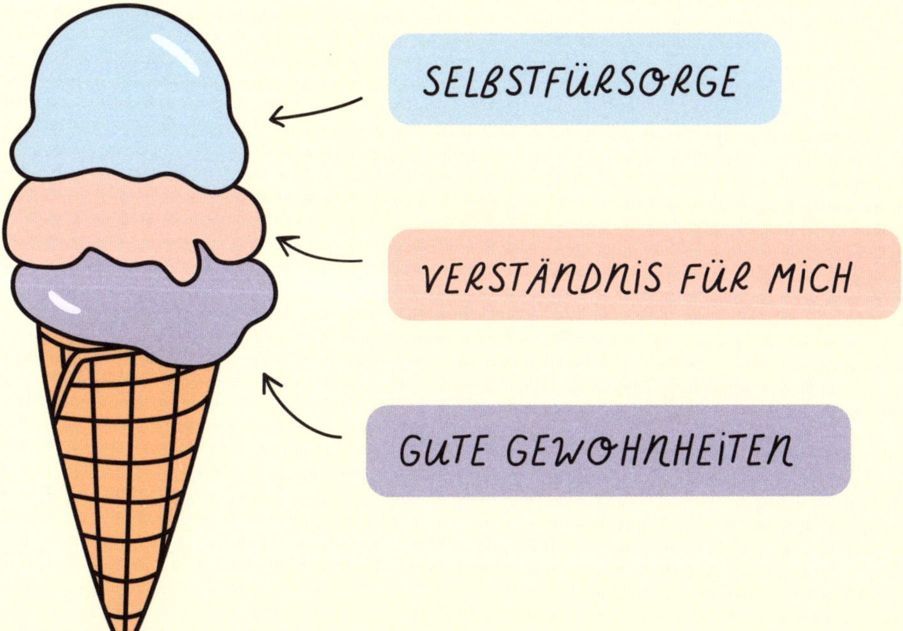

SELBSTFÜRSORGE

VERSTÄNDNIS FÜR MICH

GUTE GEWOHNHEITEN

Das Aufbauen guter Gewohnheiten ist auch eine Form von Selbstliebe. Oft wünschen wir uns schließlich, gesünder zu leben, organisierter zu sein oder unsere persönlichen Ziele zu erreichen. Doch nur wenn du dich gut fühlst, kannst du es schaffen, dein bestmögliches Selbst zu werden.

Eine Woche lang für fünf Minuten meditiert? Zum ersten Mal eine Runde um den Block gejoggt? Einen Monat wöchentlich fünf Sätze auf Spanisch gelernt? Das ist definitiv ein Grund zum Feiern! Natürlich ist deine Belohnung zunächst, eine neue, positive Gewohnheit aufgebaut zu haben, die dein Leben im besten Fall schöner macht.

Wenn es dir aber hilft, dranzubleiben, kann es auch sinnvoll sein, dir kleine Belohnungen zu gönnen. Diese sollten aber besser nichts mit deinen alten Gewohnheiten zu tun haben, die du loswerden willst. Wenn dein Ziel ist, gesünder zu leben, solltest du dich eher nicht mit einem großen Burger und Pommes belohnen, sondern dir lieber einen schönen Blumenstrauß kaufen, dir einen Kinobesuch gönnen oder am Wochenende einen Ausflug an einen schönen Ort machen. Davon abgesehen ist es aber immer sinnvoll, dir ab und an etwas zu gönnen, was dich glücklich macht.

MORGEN- ROUTINE
mit Micro Habits

Voller Energie und guter Laune in den Tag starten – das wünschen wir uns vermutlich alle. Micro Habits am Morgen können dir dabei helfen, denn wie wir in den Tag starten, bestimmt oft, wie er weitergeht.

Ideen für deinen Start in den Tag:

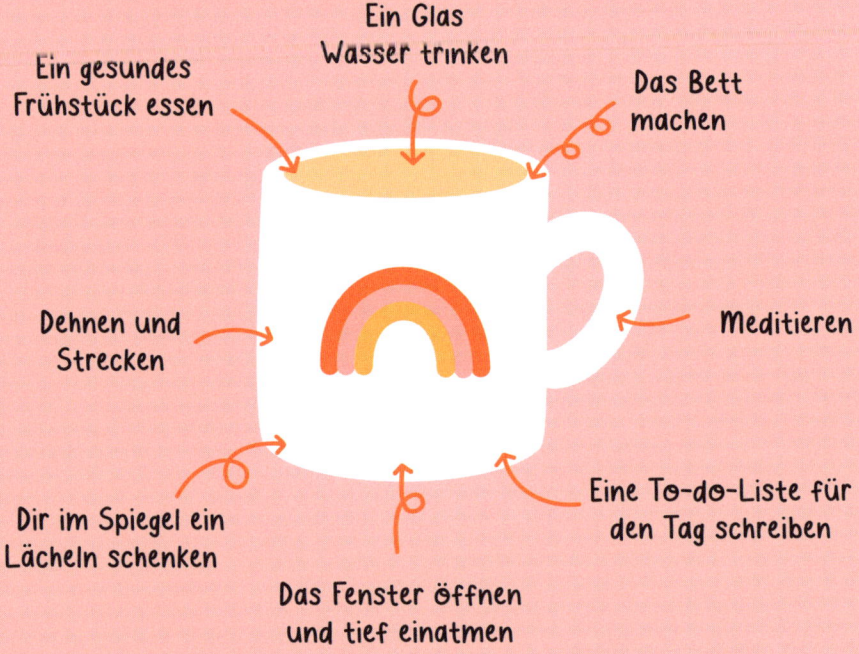

Ein Glas Wasser trinken

Ein gesundes Frühstück essen

Das Bett machen

Dehnen und Strecken

Meditieren

Dir im Spiegel ein Lächeln schenken

Eine To-do-Liste für den Tag schreiben

Das Fenster öffnen und tief einatmen

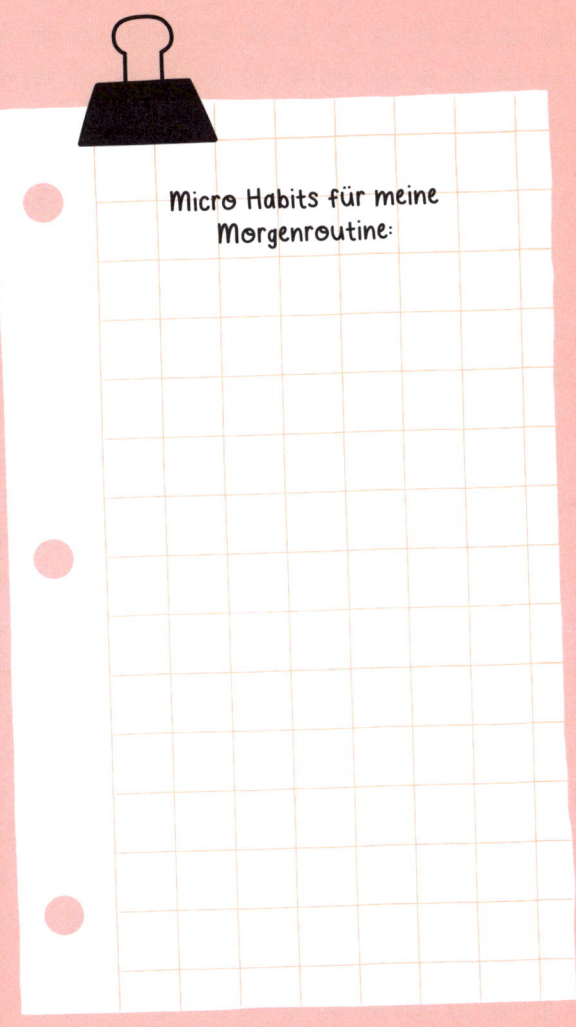

Micro Habits für meine
Morgenroutine:

Wenn du eher eine Nachteule bist, kleine Kinder hast oder im Schichtdienst arbeitest, kannst du natürlich auch deine Abendroutine ähnlich gestalten. Wie immer ist wichtig, dass die Gewohnheiten zu dir persönlich und zu deinem Leben passen.

Micro Habits für meine
Abendroutine:

ABEND-ROUTINE

mit Micro Habits

Den Tag auf positive Art und Weise zu beenden, ist sicher genauso wichtig wie eine gute Morgenroutine. Diese Zeit am Tag bietet sich wie der Morgen besonders gut an, weil beide oft etwas besser planbar sind als die oft hektischere Mitte des Tages.

Ideen für einen einen entspannten Abend:

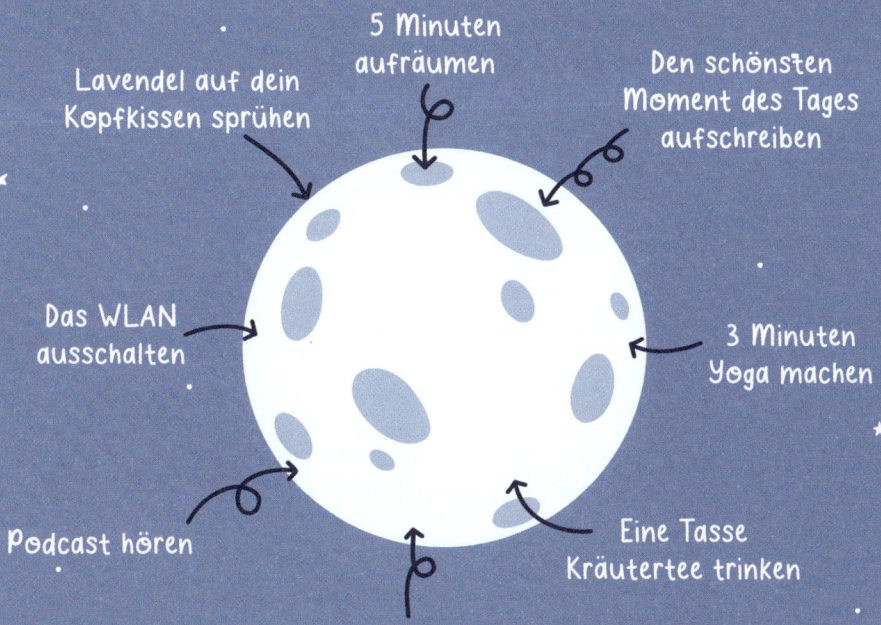

5 Minuten aufräumen

Lavendel auf dein Kopfkissen sprühen

Den schönsten Moment des Tages aufschreiben

Das WLAN ausschalten

3 Minuten Yoga machen

Podcast hören

Eine Tasse Kräutertee trinken

Bewusste Selfcare, z. B. Schaumbad, Gesichtsmaske, Hände eincremen

Es sind noch keine Meister*innen vom Himmel gefallen

ERFOLG

SCHEITERN

SCHEITERN GEHÖRT ZUM PROZESS

WENN WIR ETWAS NEU LERNEN, klappt das selten beim ersten Versuch. Muss es auch gar nicht, denn durch das Probieren und Üben, finden wir kreative Lösungen und erleben wertvolle Erfolgsmomente. Auch Projekte laufen selten ohne Rückschläge oder Probleme ab. Am besten planst du Probleme und Anlaufschwierigkeiten direkt mit ein.

ES WIRD IMMER TAGE GEBEN, an denen etwas dazwischenkommt. Wenn du von Anfang an mit ihnen rechnest, wird es dir leichter fallen, dranzubleiben und es am nächsten Tag einfach noch einmal zu versuchen. Wenn du konstant große Mühe mit deinen Habits hast, schau sie dir nochmal gut an und überlege, wo du etwas verändern könntest, damit es besser in deinen Alltag passt.

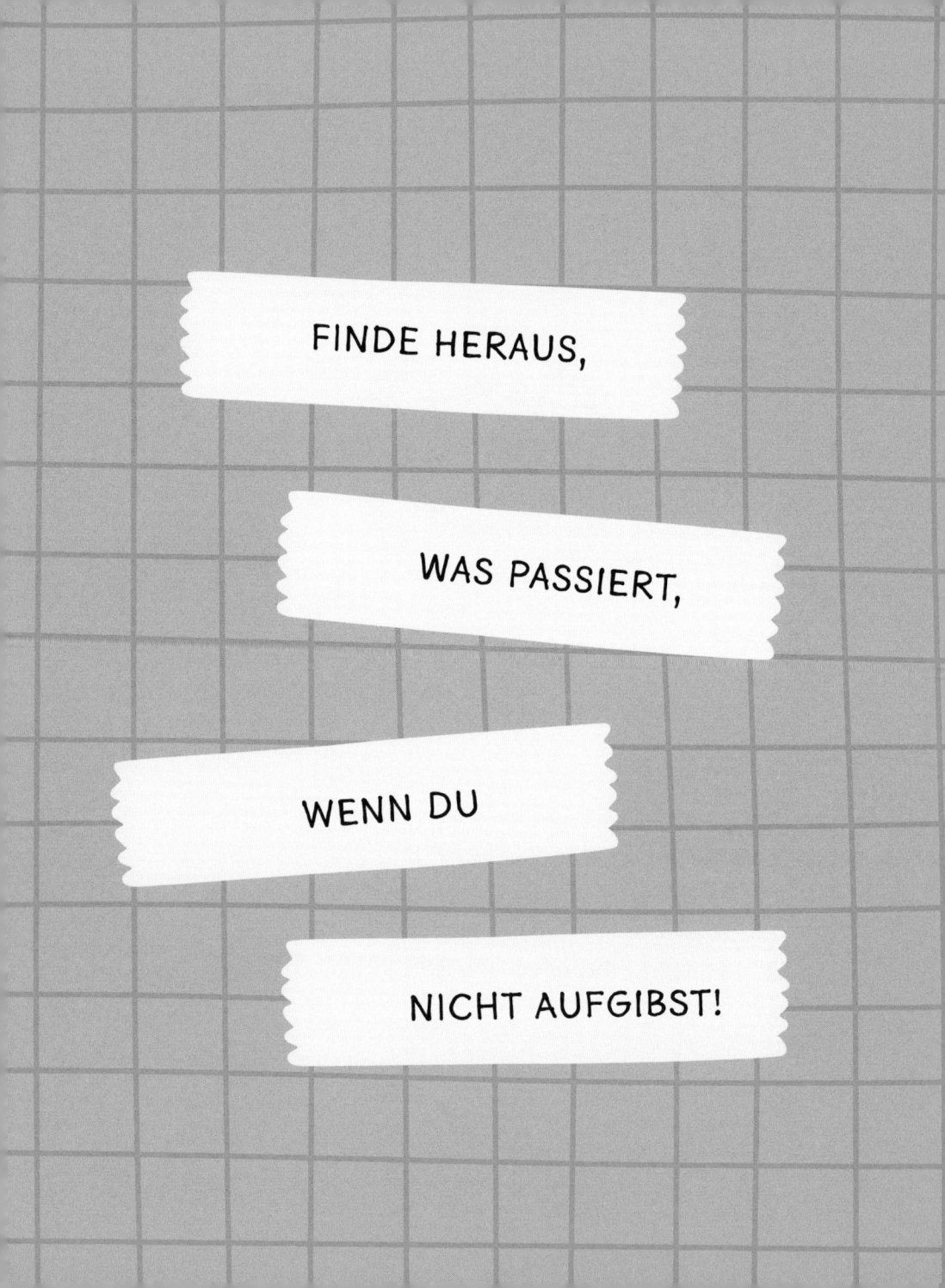

IMMER MIT DER RUHE

VIELE MENSCHEN gehen davon aus, dass es eine magische Zahl gibt, die verrät, wie lange es dauert, um eine neue Gewohnheit zu formen. Die Meinungen hier gehen aber auseinander. Manche Expert*innen sprechen von 21 Tagen, andere von 66. Viel wichtiger als die Zeit ist jedoch die Häufigkeit deiner Gewohnheit.

LERNE DESHALB, dass Geduld der entscheidende Faktor ist. Es ist unglaublich, was du schaffen kannst, wenn du dranbleibst und konsequent bist. Gib nicht auf, wenn der Erfolg ein bisschen auf sich warten lässt.

SCHLUSS MIT ALLES-ODER-NICHTS-DENKEN

SELBST OLYMPIASIEGERINNEN oder Nobelpreisträger stolpern mal, machen Fehler oder kommen vom Weg ab. Der Unterschied liegt vor allem darin, dass sie schnell aufstehen und weitermachen. Viele von uns wollen immer das Beste. Wird es einmal nicht erreicht, verlieren wir schnell die Motivation und lassen unser Vorhaben oft sein. Diese Alles-oder-nichts-Mentalität bringt uns nicht ans Ziel, weil wir direkt aufgeben, wenn wir mal ins Straucheln kommen.

Versuche stattdessen, dein Scheitern schon einzuplanen. Überlege vorab, was wohl schieflaufen könnte und halte direkt eine Alternative bereit. Hier ist ein Beispiel:

Du möchtest Joggen gehen, aber es regnet? Dann sage dir bereits am Vortag: Falls es morgen regnet, werde ich ein Workout zu Hause einlegen.

EINE GUTE STRATEGIE ist hier auch, es dir zu erlauben, ab und an deine neue Gewohnheit über Bord zu werfen – aber niemals zwei Mal hintereinander! Einen Tag auszusetzen, wird deinen Erfolg nicht gefährden. Die Ausnahme darf nur nicht zur Gewohnheit werden.

• • • • • • • • • • • •

STRATEGIEN, UM DRANZUBLEIBEN

MANCHMAL kann es besonders herausfordernd sein, die guten Gewohnheiten umzusetzen. Besonders dann, wenn sich äußere Umstände verändern. Zum Beispiel, wenn du im Urlaub bist, gerade besonders gestresst bist oder am Wochenende Besuch bekommst.

VERSUCHE in diesen Situationen möglichst flexibel zu bleiben und überlege, wie du deine gute Gewohnheit an die neuen Umstände anpassen kannst. Vielleicht schaffst du es nicht, dein Micro Habit 1:1 so umzusetzen wie sonst, doch glücklicherweise stellt dein Gehirn trotzdem eine Verbindung zwischen deiner etablierten Gewohnheit und diesem leicht abgeänderten Verhalten her. Das hilft dir, nach einer Unterbrechung wieder in den Flow zu kommen!

TROTZDEM solltest du eins nicht vergessen: Sei nicht zu streng mit dir und genieße das Leben! Sobald du in deinen Alltag zurückkehrst, kannst du wieder wie gewohnt starten.

FORTSCHRITT:

EBENFALLS FORTSCHRITT:

GLÜCKWUNSCH,

DU HAST ES BIS ZUM ENDE DES BUCHS GESCHAFFT!

DAS BEDEUTET: Nun besitzt du einen ganzen Koffer voller Strategien, um glückliche und gesunde Habits in deinen Alltag zu integrieren. Den ersten Schritt hast du also geschafft. Du kannst stolz auf dich sein! Jetzt heißt es vor allem: Dranbleiben! Unterschätze nie, wie weit du mit vielen kleinen Schritten kommst.

EINS STEHT JETZT SCHON FEST:

DU KANNST DAS!

VIEL ERFOLG AUF DEINER REISE ZUM GROSSEN GLÜCK!

Wir von GROH wollen die Welt ein bisschen verschönern – mit liebevollen Geschenken, die glücklich machen.

GROH.DE

@die_geschenkverlage

Bildnachweis
Cover: Willoe via Creative Market
Innenteil: Willoe via Creative Market, Shutterstock.com (Weißer Papierhintergrund, Fernglas, Bordüre), Eva Jahnen: 24, 35, 36, 37, 53, 54, 60, 61, und 75.

Text
Kristin Funk

Gesamtgestaltung und Satz
Eva Jahnen

Gesamtherstellung
Drukarnia Dimograf Sp. z o.o., Bielsko Biała

Aus Verantwortung für die Umwelt hat sich die Verlagsgruppe Droemer Knaur zu einer nachhaltigen Buchproduktion verpflichtet. Der bewusste Umgang mit unseren Ressourcen, der Schutz unseres Klimas und der Natur gehören zu unseren obersten Unternehmenszielen.

Gemeinsam mit unseren Partnern und Lieferanten setzen wir uns für eine klimaneutrale Buchproduktion ein, die den Erwerb von Klimazertifikaten zur Kompensation des CO_2-Ausstoßes einschließt. Weitere Informationen finden Sie unter: www.klimaneutralerverlag.de

Mit Micro Habits zu großem Glück
GTIN 978-3-8485-0227-1
© 2023 Groh Verlag. Ein Imprint der Verlagsgruppe Droemer Knaur GmbH & Co. KG, München
www.geschenkverlage.de